ANALISI DEL LIBRO

AF142071

La caduta

· · · · · · · · · · · · · · · · ·

ALBERT CAMUS

ANALISI DEL LIBRO

Scritto da Johanna Biehler
Tradotto da Sara Rossi

La caduta

● ●

ALBERT CAMUS

ALBERT CAMUS

SCRITTORE, DRAMMATURGO, SAGGISTA E FILOSOFO FRANCESE

- **Nato a Mondovì (Algeria) nel 1913**
- **Morto a Villeblevin nel 1960**
- **Opere degne di nota:**
  - *Lo straniero* (1942), romanzo
  - *Il mito di Sisifo* (1942), saggio
  - *La peste* (1947), romanzo

Lo scrittore francese di origine algerina Albert Camus (1913-1960) è un premio Nobel e uno dei maggiori scrittori del XX secolo. Intellettuale, filosofo, giornalista, drammaturgo e romanziere profondamente impegnato, le sue riflessioni sull'assurdo, espresse in modo sfumato, sensibile e umano, si rivelarono molto influenti nel suo tempo.

Ampiamente ammirato ma talvolta criticato, Camus ha avuto un notevole impatto in tutto il mondo con i suoi romanzi *La peste* (1947) e soprattutto *Lo straniero* (1942). Morì prematuramente in seguito a un incidente stradale nel 1960.

LA CADUTA

IL SENSO DI COLPA NEL MONDO DELL'ASSURDO

- **Genere:** romanzo
- **Edizione di riferimento:** Camus, A. (1957) *La caduta*. Trans. O'Brien, J. New York: Knopf.
- **1ª edizione:** 1956
- **Temi:** colpa, egoismo, doppiezza, natura umana, declino

Pubblicato per la prima volta nel 1956, *La caduta* è la terza ed ultima parte della trilogia iniziata con *Lo straniero* e *La peste*.

La caduta è la confessione di Jean-Baptiste Clamence, un ex avvocato francese che si è rifugiato nelle nebbie di Amsterdam. In un lungo monologo, il narratore racconta la sua vita a Parigi, piena di gloria, conquiste e bei discorsi, fino al giorno in cui, attraversando un ponte nel cuore della notte, non riuscì a soccorrere una donna che stava annegando. È l'inizio di un risveglio per lui, che non può fare a meno di condannare la vecchia vita che tanto amava, fatta, come tutte le vite del suo tempo, di egoismo, vigliaccheria e vanità.

SINTESI

La caduta comprende sei capitoli corrispondenti a cinque giorni (ogni capitolo copre un giorno, ad eccezione dei capitoli 4 e 5). I primi tre capitoli sono ambientati prima del racconto dell'annegamento, mentre gli ultimi due raccontano ciò che è accaduto dopo. Questa struttura permette di marcare meglio la separazione tra la vita prima e dopo la tragedia, sottolineando i cambiamenti nello stato mentale del protagonista.

PRIMA DELLA TRAGEDIA

Camus immerge improvvisamente il lettore nell'atmosfera vaga e fumosa di "Città del Messico", un bar nascosto nel cuore di Amsterdam, dove Jean-Baptiste Clamence sta iniziando una conversazione con un connazionale di cui non conosciamo il nome. Nel corso della narrazione, egli è l'unica persona che parla; il suo connazionale è lì solo per ascoltare la sua confessione.

Jean-Baptiste ha lasciato Parigi, dove era un avvocato colto, per diventare giudice-penitente in Olanda con lo pseudonimo di Clamence. La sua professione gli permette di vivere agiatamente pur accettando completamente la sua doppiezza. Si tratta di disprezzare pubblicamente se stesso e di accusarsi di ogni sorta di male, ma così facendo il ritratto che offre ai suoi contemporanei "diventa uno specchio" (p. 140), che gli permette di giudicarli liberamente a sua volta. Poiché "non si potevano condannare gli altri senza giudicare immediatamente se stessi, bisognava sopraffare se stessi per avere il diritto di giudicare gli altri", spiega (p. 138).

Clamence descrive all'ascoltatore il "sogno" che l'Olanda rappresenta e il suo amore per gli olandesi. Queste persone sembrano sempre assenti, con la testa immersa in "quella nebbia composta di neon, gin e menta che emana dalle insegne dei negozi sopra di loro" (p. 13). La discussione si conclude nel freddo della notte presso un ponte che Clamence non vuole attraversare.

Il giorno dopo, il giudice-penitente racconta la sua vita a Parigi. Conduceva un'esistenza da uomo stimato, difendendo costantemente vedove e orfani per placare la sua sete di carità. Bello e ammirevole, e consapevole delle sue molte virtù, cercava solo i punti più alti. Tuttavia, una sera, mentre stava ammirando la Senna dal Pont des Arts, una risata scoppiò dal nulla alle sue spalle. Clamence tornò a casa turbato, poi notò nello specchio del bagno che aveva un doppio sorriso.

Clamence ammette che la sua vita non è più la stessa dopo questo episodio. L'armonia che in precedenza caratterizzava la sua vita sembra stia insidiosamente crollando. Egli prende gradualmente coscienza dell'inutilità della sua esistenza e si rende conto di essere stato spinto a fare del bene da una sete di dominio e di potere piuttosto che da una sete di virtù. Il giudice-penitente lascia il suo interlocutore per andare a parlare con il direttore di Città del Messico, preoccupato per il furto di un quadro.

Il terzo giorno, mentre ripensa alla sua vita, rivela la sua vergogna e ricorda un'altra storia, che racconta anche a chi lo ascolta. Una notte, mentre tornava a casa, sentì il corpo di una giovane donna che aveva appena incrociato cadere in acqua. Sorpreso, ammette di non essersi mosso: "Tremavo, credo, per il freddo e lo shock. Mi sono detto che dovevo fare in fretta e ho sentito una debolezza irresistibile che mi ha travolto. Ho dimenticato quello che pensai allora. 'Troppo tardi, troppo lontano…', o qualcosa del genere". Poi racconta di aver continuato ad ascoltare senza muoversi, prima di andarsene senza dire niente a nessuno (p. 70).

DOPO LA TRAGEDIA

Il quarto giorno, Clamence e il suo compagno visitano l'isola di Marken, con i suoi paesaggi morti, piatti e incolori. Nel corso della conversazione, Clamence confessa all'amico che, contrariamente a quanto si possa pensare, non è perfetto e ha persino dei nemici. La cosa non lo sorprende perché, secondo lui, le persone giudicano per non essere giudicate. Ma questa scoperta gli ha rivelato un'altra parte di sé, ovvero la sua intrinseca doppiezza: "Poi ho capito, scavando nella mia memoria, che la modestia mi aiutava a brillare, l'umiltà a conquistare e la virtù a opprimere. Facevo la guerra con mezzi pacifici e alla fine ottenevo, con mezzi disinteressati, tutto ciò che desideravo" (pp. 85-86).

Consapevole dei suoi difetti e furioso per il fatto che i suoi contemporanei continuassero a considerarlo perfetto, scelse di rendere pubblica la sua doppiezza. Rendendosi ridicolo, disturba l'opinione pubblica con commenti sgradevoli, sia nei suoi discorsi di difesa che durante gli eventi mondani. Decise anche di buttarsi a capofitto nella dissolutezza, e questo nuovo stile di vita gli garantì un certo sollievo. La dissolutezza è liberatoria perché non crea obblighi.

Tuttavia, un giorno si trovava in riva all'oceano quando un segno nero catturò la sua attenzione e gli ricordò la forma di una persona che stava annegando. Capì allora che non sarebbe mai riuscito a dimenticare la sua colpa: "Ho dovuto sottomettermi e ammettere la mia colpa. Dovevo vivere nel piccolo benessere" (p. 109). Spiega che tutti gli uomini devono riconoscere le proprie colpe perché questo è il loro destino. Infatti, la vera ragione dell'agonia di Cristo: "È che sapeva di non essere del tutto innocente" (p. 112).

Clamence, che ora non sta bene, accoglie il suo interlocutore nella sua camera da letto e confessa che una volta ha condannato a morte il suo compagno di cella in un campo di prigionia bevendo la sua acqua. Ha ritenuto che, a causa delle sue responsabilità, la propria sopravvivenza fosse più importante di quella del compagno.

Gli mostra anche il famoso quadro di Van Eyck (pittore fiammingo, 1390 circa-1441) *I Giudici Giusti*, rubato anni prima e venduto a Città del Messico. Clamence convince il gestore del bar a consegnarglielo. Ora, con "la giustizia definitivamente separata dall'innocenza- la seconda sulla croce e la prima nell'armadio" (p. 130), può finalmente diventare un giudice-penitente.

> *"Forse il resto verrebbe sistemato in seguito; io verrei decapitato, per esempio, e non avrei più paura della morte; sarei salvo. Al di sopra della folla radunata, si reggerebbe la mia testa ancora calda, in modo che essi possano riconoscersi in essa e io possa di nuovo dominare – un esemplare. Tutto sarebbe consumato; avrei concluso, non visto e non conosciuto, la mia carriera di falso profeta che grida nel deserto e rifiuta di uscire" (pp. 146-147).*

Ma il suo interlocutore è solo un avvocato parigino.

STUDIO DEL CARATTERE

JEAN-BAPTISTE CLAMENCE

Ex avvocato che, deluso dalla sua vita a Parigi, è giunto ad Amsterdam sotto falso nome (Jean-Baptiste Clamence è uno pseudonimo e non si viene mai a conoscenza della sua vera identità) per svolgere la sua nuova professione di giudice-penitente.

Va notato che, in quanto ex avvocato, Clamence è un oratore molto abile. È lui che conduce con freddezza la sua confessione e struttura la sua narrazione, stuzzicando l'interesse dell'ascoltatore come desidera.

Tuttavia, questa retorica rivela in ultima analisi una figura ambigua e paradossale, combattuta tra la menzogna e la verità: "Tu, per esempio, *mon cher compatriote*, fermati e pensa a quale sarebbe il tuo segno. Sei silenzioso? Beh, me lo dirai più tardi. In ogni caso, il mio lo conosco: un doppio volto, un affascinante Giano, e sopra il motto della casa: "In ogni caso, non farci affidamento". Sulle mie carte: 'Jean-Baptiste Clamence, attore'" (p. 47). Giano è un dio romano con due facce. Clamence ammette di mentire agli altri così come mente a se stesso. Riconosce che una bugia può dire tanto quanto, se non di più, della verità: "A volte è più facile vedere chiaramente nel bugiardo che nell'uomo che dice la verità. La verità, come la luce, acceca. La falsità, al contrario, è una bella penombra che esalta ogni oggetto" (pp. 119-120). Tuttavia, attraverso la sua confessione cerca di avvicinarsi alla verità. Questo è il paradosso di questo personaggio.

La domanda, quindi, riguarda il significato della sua confessione. Potremmo fermarci al suo desiderio esplicito di esercitare la sua nuova professione di giudice-penitente. Eppure, nel monologo dell'ex avvocato è possibile scorgere anche un'autentica richiesta di aiuto. La sua angoscia è percepibile dietro l'immancabile ironia della sua narrazione, ma anche nella sua malattia, quando il suo interlocutore lo va a trovare nel letto di casa quando è al suo minimo storico:

> "Non siate troppo duri con me. Sono come quel vecchio mendicante che un giorno, sulla terrazza di un caffè, non mi lasciò la mano: 'Oh, signore', disse, 'non è che io non sia buono, ma lei perde la luce'. Sì, abbiamo perso la luce, i mattini, la santa innocenza di chi si perdona" (p. 145).

L'INTERLOCUTORE

L'uomo a cui Clamence si rivolge ci insegna molto sul giudice-penitente. È un avvocato parigino che si reca anch'egli ad Amsterdam. Per questo motivo, molti elementi permettono al lettore di vedere nell'interlocutore un secondo Clamence che, preso dalla retorica del giudice-penitente, si rende gradualmente conto della sua doppiezza e perde la sua innocenza nel momento in cui si rende conto della propria colpevolezza. Inoltre, la struttura della narrazione, che lo condanna al silenzio, esprime e sottolinea anche la sua condizione di vittima.

L'interlocutore è di conseguenza condannato a essere una vittima che tuttavia è colpevole dei suoi misfatti. Clamence, invece, deve trovare sempre nuove vittime per continuare a essere un giudice-penitente. Si è quindi intrappolato in un inferno sadomasochista.

Sebbene sostenga di accusare se stesso per accusare gli altri, ci sembra che il suo metodo si traduca in una degradazione di se stesso attraverso il riflesso di sé che scopre negli altri.

Il fatto che Camus non abbia scelto come interlocutore un poliziotto, ma un avvocato parigino che assomiglia al clone di Clamence, indica il suo desiderio di mostrare che il giudice-penitente non può sfuggire alla sua condizione. Clamence non è un uomo felice; è una persona intrappolata dalla sua stessa colpa. Negli altri non fa altro che osservare e ammirare lo spettacolo della propria degradazione. Non cerca di trovare una nuova speranza o una possibilità di redenzione.

ANALISI

SENSO DI COLPA

Il tema della colpa è centrale in *La caduta*. La difficoltà per Clamence, a differenza, ad esempio, di Meursault ne *Lo straniero*, è che nessuno viene a condannarlo. Nessun tribunale viene a sollevarlo dalle sue malefatte. Egli è quindi il suo unico giudice e di conseguenza rimane schiavo dei suoi stessi crimini. Per evitare questo, spera che un giorno il dipinto venga ritrovato, ma nessun poliziotto si reca a casa sua per scoprire *I Giudici Giusti*.

Di conseguenza, l'atto d'accusa di Clamence ci obbliga a vedere in noi stessi i difetti che inconsciamente ci attanagliano la mente e ci mostra che la degradazione è una parte innata della nostra natura. Siamo tutti colpevoli.

PAROLE CHE SCHIAVIZZANO

Clamence modella la sua narrazione secondo la propria volontà. Le sue parole servono a imprigionare. Nel suo monologo, all'interlocutore viene negata una parte e non ha voce in capitolo. Certo, Clamence finge di ascoltarlo, ma in realtà prende dal suo ascoltatore solo le cose che gli fanno comodo per creare un monologo sordo alle parole dell'altro. Di conseguenza, Clamence esclude gli altri dal suo discorso e nega la loro individualità e le loro caratteristiche specifiche per classificarli come vuole lui. "Con me", spiega Clamence, "non si danno assoluzioni o benedizioni. Tutto viene semplicemente sommato, e poi: 'Si arriva a tanto. Sei un malfattore, un satiro, un bugiardo congenito, un omosessuale, un artista, ecc. Proprio così. In modo così netto" (p. 131). Una persona giudicata in questo modo non ha il diritto di difendersi; il giudice-penitente fa della sua personalità ciò che vuole e la condanna a essere ciò che dice.

In questo modo, spaventato dalla propria libertà (un uomo che si presenta come libero è responsabile di tutte le sue azioni e di tutte le sue scelte, il che ha un lato spaventoso), Clamence rende schiavi i suoi interlocutori e, attraverso il suo discorso, li imprigiona nella logica dei suoi pensieri: "In filosofia come in politica, io sono per ogni teoria che rifiuta di concedere all'uomo l'innocenza e per ogni pratica che lo tratta come colpevole. Voi vedete in me, *très cher*, un illuminato sostenitore della schiavitù" (pp. 131-132).

AMSTERDAM

La caduta è l'unica opera di Camus ambientata lontano dalla luce del sole mediterraneo che l'autore amava tanto. La scelta della città olandese è tuttavia comprensibile, poiché l'atmosfera che vi si respira ricorda molto da vicino lo stato d'animo di Clamence.

Ad Amsterdam, città di pioggia, nebbia e freddo, Clamence ritrova le stesse cose che lo hanno spinto a non salvare la donna caduta nella Senna. Nel cuore di Amsterdam, è di nuovo prigioniero delle cose che lo hanno portato al suo misfatto. Sembra quindi che abbia scelto questa città per accettare il suo crimine, per crogiolarsi in esso e abitarlo.

Amsterdam è anche una città in cui nulla è chiaro. Plasmata dalle curve dei suoi canali, ha un lato oscuro e, nella sfumatura dei suoi colori, non è più possibile distinguere la menzogna dalla verità. Nessuna luce accecante attraversa la città. Clamence, che, come abbiamo già mostrato, osserva la menzogna per capire la verità, si sente a casa in questa capitale, dove può rifugiarsi nei miti che vi risiedono, nei sogni e nei dipinti.

Tuttavia, Clamence ama anche trovare i colori chiari e luminosi del mattino. Non riesce a smettere di pensare alla Grecia, dove tutto è luminosità e luce. Insomma, sembra che speri di trovare un giorno la grazia e di tornare a vivere nella luce. Ma la sua speranza è reale? L'ironia delle ultime righe del libro sembra suggerire che non lo sia:

> *"Tu stessa pronunci le parole che per anni non hanno mai smesso di risuonare nelle mie notti e che finalmente pronuncerò attraverso la tua bocca: 'O giovane donna, buttati di nuovo in acqua perché io possa avere una seconda volta la possibilità di salvarci entrambi! Una seconda volta, eh, che proposta rischiosa! Supponiamo,* cher maître*, di essere presi alla lettera? Dovremmo andare fino in fondo. Brr...! L'acqua è così fredda! Ma non preoccupiamoci! Ormai è troppo tardi. Sarà sempre troppo tardi. Per fortuna!"* (p. 147).

IL POSTO DELLA CADUTA NELLA FILOSOFIA DI CAMUS

Camus è noto per aver sviluppato la nozione di assurdo. Per lui, l'assurdo è un sentimento che l'uomo prova nel corso della sua esistenza. Questo sentimento deriva dal confronto tra l'uomo, che si pone molte domande sulla sua vita, e l'irragionevole silenzio del mondo, che rimane sordo ai suoi appelli. L'uomo deve quindi riconoscere e affrontare l'assurdità della sua esistenza. Camus ritiene che sia inutile confidare in un Dio ipotetico o prospettarsi un futuro incerto. Dobbiamo invece vivere solo delle nostre certezze, sfruttare al massimo il presente e avere fiducia nell'uomo. Questo è l'unico modo per trovare la felicità.

A suo modo, *La caduta* è un romanzo che racconta al lettore questo sentimento dell'assurdo. Clamence segue la stessa progressione di Meursault ne *Lo straniero*. All'inizio vive senza porsi troppe domande, ma, insidiosamente e col tempo, un insieme di elementi (le risate sul ponte, il corpo che cade nella Senna, ecc.) lo fanno uscire dall'apatia e lo portano a rivalutare progressivamente la sua vita. Come Meursault, si rende conto dell'inutilità della sua esistenza ma, a differenza del protagonista de *Lo straniero*, non mostra affatto la rivolta dell'uomo di fronte all'assurdità della sua condizione. Infatti, Clamence non crede più nell'uomo e dispera dell'umanità, mentre Meursault, illustrando i precetti di Camus, vive pienamente nel presente e così facendo recupera la sua vita e la sua libertà.

Sembra che quando Camus scrisse *La caduta*, tre anni prima della sua morte, volesse diventare più critico nei confronti del codice morale che aveva sposato all'inizio della sua vita. In ogni caso, egli abbandona ogni idealismo e illustra la nebbia e l'atmosfera senza vita in cui spesso si trova la nostra umanità.

ULTERIORI RIFLESSIONI

ALCUNE DOMANDE SU CUI RIFLETTERE...

- Dopo aver letto questo libro, come possiamo immaginare la giustizia umana?

- Clamence ritiene che la giustizia divina, se dovesse esistere, sia meno terrificante di quella degli uomini. Spiega.

- Dopo aver letto questo libro, pensate che abbiamo ancora il diritto di essere felici, o dovremmo prima di tutto riconoscere la nostra colpa?

- Secondo lei, perché Clamence non denuncia direttamente alla polizia il furto del quadro?

- Perché, secondo lei, Clamence mostra al suo interlocutore il paesaggio cupo e desolato dell'isola di Marken, ammette che gli piace guardarlo e allo stesso tempo spera spesso di vedere la luce chiara del mattino scendere su Amsterdam?

- In che modo l'assurdo è presente in quest'opera?

- Perché, secondo lei, Clamence usa tanto umorismo e ironia?

- In che modo *La caduta* risponde a *Lo straniero*?

ULTERIORI LETTURE

EDIZIONE DI RIFERIMENTO

Camus, A. (1957) *La caduta*. Trans. O'Brien, J. New York: Knopf.

ALTRO DA BRIGHTSUMMARIES.COM

Guida alla lettura – *Il primo uomo* di Albert Camus

Guida alla lettura – *I giusti assassini* di Albert Camus

Guida alla lettura – *Il mito di Sisifo* di Albert Camus

Guida alla lettura – *La peste* di Albert Camus

Guida alla lettura – *Lo straniero* di Albert Camus

Vogliamo sapere da voi!
Lasciate un commento sulla vostra biblioteca online
e condividete i vostri libri preferiti sui social media!

Perché scegliere Must Read?

Scoprite tutto quello che c'è da sapere su un libro, con i nostri riassunti e le nostre analisi concise e approfondite!

Scoprite il meglio della letteratura sotto una luce completamente nuova!

www.50minutes.com

www.50minutes.com

Master ISBN: 9782808690485
ISBN cartaceo: 9782808611886
Deposito legale: D/2023/12603/1468

Copertura: © Primento

Concezione digitale a cura di Primento, il partner digitale degli editori.